Autor: Daniel Jäckel
Cover Art: Rudolf Grillborzer (www.rudolf-grillborzer.de, rudolf.grillborzer@gmail.de)
und Frederic Kokott (frederic.kokott@gmx.de)

1. Auflage 2013
Gestaltung: Rudolf Grillborzer, Daniel Jäckel
Herstellung und Verlag: Books on Demand GmbH, Norderstedt
ISBN: 978-3-7322-5096-7
Gedruckt auf Chlor- und Säurefreiem Papier
Alle Rechte vorbehalten

Über den Autor:
www.wortfetzen.com
mister@wortfetzen.com

Schatten

Nichts

Ich bin die Stimme der Stille,
der Ton ohne Schall.

Ich bin ein grundloser Wille,
der Aufstieg im Fall.

Ich bin das Ende des Raumes,
die Grenze des Lichts.

Ich bin das Nichts.

Dekomposition

Unter einem Sonnenstrahl
zerfällt die Existenz
zu Schatten und Lichtern
auf blassem Pergament.

Ein starres Gesicht
zerfließt in wogenden Strukturen
und jeder Unterschied verwischt
zu schwarzweißen Konturen.

Um den aufgelösten Kern
schwingt ein schwereloses Gleichgewicht
in dem Raum und Zeit erlischt
und die Unendlichkeit verzerrt.

Ozean

Im Rauschen des Windes
zeichnet sich der Gegenstand.
Der fließende Körper,
der niemals verschwindet
und sich nie drehen kann.

Wie eine Flut prescht er voran,
verschlingt in seinem Bauch
alles Land und jeden Raum
und füllt es mit Leben dann.

In ruheloser Stille
zieht ein Wind am Himmel auf,
er umschlingt die Wolken
und zerfließt im Raum.

Ein Strudel saugt die Wellen ein
und sie verzerren im Gefälle
seiner wirbelnden Kontur,
krümmen sich zu einem Kreis
und bilden einen Flur.

Licht

Eine stille Flut bricht ein,
füllt den Raum
und spült seine Winkel
mit glasklarer Flüssigkeit.

Ihre Wellen preschen
Auf den grauen Stein
brechen
und sinken in ihn ein.

Es schimmert an der Oberfläche
Nur der grelle Schatten,
der aus der Tiefe scheint.

Schatten

Du zeichnest dich im Dunkel ab
als eine vage Ahnung,
die mir etwas zu sagen hat,
doch der Wind trägt dich hinfort
ehe ich dich hören kann,
noch eh' ich dich verstanden hab'
und nur sein Rauschen füllt mein Ohr.

Ich schreite vorsichtig durchs Laub,
folge deinem schmalen Schatten,
der in dem Gewirr aus Licht
und herumwirbelndem Staub
fluoreszierend schimmert
als wärst du nur ein Traum,
so vage definiert,
als gäbe es dich kaum.

Illusion

In meiner Höhle, meinem Heim
sitze ich auf hartem Stein
und folge wie gebannt
deinem Schatten an der Wand,
als er unter der Sonne Schein
wie ein Feuer vor mir tanzt.

Verzerrt
lodert er und flammt,
dass kein Rahmen ihn halten kann;
preist dein verrücktes Bild
für mich als Wirklichkeit an.
Doch jedes Mal wenn ich
sehnsüchtig nach ihm lang'
versiegt er mit dem Licht
und nur ein Hauch von deiner Wärme
bleibt zurück, in meiner Hand.

Silhouette

Eine farblose Substanz
zeichnet deinen Körper
an eine transparente Wand.

Dort wandelst du als Schatten
eines unsichtbaren Gegenstands,
von dem du dich nicht lösen kannst.
Deine fließenden Bewegungen
wirken wie ein Tanz.

Um ihn deutlicher zu sehen,
trete ich an dich heran.
Doch deine Formen bleiben schemenhaft.
Ich strenge meine Augen an,
definiere dich mit aller Kraft
doch deine Formen bleiben schemenhaft,
weil nur dein Schatten tanzen kann.

Flamme

In fast völliger Dunkelheit
tast' ich deinen Raum.
Doch in meiner Fehlbarkeit
wird dein Gesicht zum Traum,
an dem die Phantasie sich reibt.

Ich weiß kaum, wie du aussiehst,
geschweige, was du bist,
doch dass du selbst im Zweifel
die Gewissheit bleibst
wiegt mich in der Sicherheit,
dass da wirklich etwas ist.

Abenddämmerung (Fusion)

Wo die Bäume fest verwurzelt sind
um der Erde Halt zu geben
weht ein ruheloser Wind,
der seicht in ihren Kronen raschelt,
wie ein leises Hirngespinst.

Die Sonne steht in sanftem Rot
hinter einer Wolke, tief am Horizont,
wo sonst nur der Mond noch wohnt
und schickt von dort die letzten Strahlen,
dass sein silbernes Antlitz
auf goldenem Kranze thront.

Ihr Licht wird von der Nacht verschluckt,
als die Welt sich weiter neigt
Verleiht nur dem Mond noch Schmuck,
dessen strahlend helles Angesicht
es überall verteilt.
Über seicht raschelnden Kronen,
auf dem ruhelosen Wind,
wo nun stille Geister wohnen
wie ein leises Hirngespinst.

Puls

Ein Rauschen hebt sich in der Luft
und fliesst in den Raum hinein.

Die Sonne schwebt an ihm vorbei,
wirft seinen Schatten auf den Sand
wo er mit den Dünen wandern kann.

Die Nacht löst seine Formen,
doch am Ufer kommt schon wieder
ein neuer Windstoß an,
eine Welle bricht am Strand
und das rote Licht der Sonne
strahlt am Horizont.

NAMEN

Mobile

Die Welt ist eine Scheibe
in deren Zentrum ich
regungslos verbleibe.

Wenn ich meine Augen öffne,
dreht sie sich für eine Weile,
rotiert um ihren Mittelpunkt,
auf dem ich wie die Sonne scheine.
Und wenn ich sie dann schließe,
stellt sich die Bewegung ein
und die Welt hört auf zu sein.

Die Welt ist eine weiße Fläche.
Ein bedeutungsloser Raum
ohne Hoffnung und Versprechen.

Meine Finger sind die Nadeln,
die ein Muster auf ihr Antlitz stechen
und versuchen eine Form zu finden,
die widerspiegelt wer sie sind.

Doch alle Muster brechen
im ruhelosen Wind
verlieren die Struktur
und ich bin wieder blind.

Auf der Wasseroberfläche
schwebt das Spiegelbild der Welt,
in das der Sonnenuntergang
meinen Schatten stellt.

Ich lege meine Hand darauf,
um zu fühlen was er in sich hält,
tauche in mein Abbild ein
und Wellen kommen auf
in denen mein Bild zerfällt.

Ich spüre noch den kühlen Hauch
Auf der Innenfläche meiner Hand,
doch ein Windstoß zieht vorüber
und nimmt ihn in sich auf.

Im Spiegel erwacht der Traum
und beginnt sich zu bewegen,
wie Reflexion im Wasser,
wenn die Wellen sich erst legen.

Er zeichnet meine Sehnsucht ab,
den Wunsch nach einem Leben.
Konturen die bei jedem Blick
Eine neue Form annehmen.

Ich schwelge in den Bildern;
In Ihrer glatten Oberfläche
und sauberen Struktur,
berühre sie mit beiden Händen
und genieße ihre Ruhe.
Doch ihre Formen brechen,
wenn ich mein Gesicht abwende.

Sie leben im Spiegel nur.

Um meinen Körper zu benennen
sah ich mich in Spiegeln an,
als könnte ich mein Wesen
in ihnen erkennen.

Doch keine Materie
hat mich reflektiert;
Als wenn für mich kein
Spiegelbild existiert.
Ich konnte mich nie
in einem andern Körper sehen,
als würde es von außen
kein Abbild meiner Formen geben.
Und wenn ich
mich selbst nicht sehen kann,
gibt es mich dann überhaupt?

Wie werde ich genannt?

Auf den Lippen einer Rose
wird jedes Wort zur Offenbarung
für das wahllose Verlangen
einer sehnsüchtigen Ahnung.

Doch wenn die Illusion verfliegt,
sich das eigentliche Wesen zeigt,
das hinter diesem Wunschtraum liegt,
macht sich die Enttäuschung breit,
denn nichts ist deprimierender
in einer Phantasie,
als die Erkenntnis ihrer Fehlbarkeit.

Dschungel

Wo die Bäume längst versteinert sind,
wander' ich umher
als einsames Hirngespinst,
das sich an ihren Früchten nährt,
doch mein Bauch bleibt immer leer.

nüchtern

Ich liege schon seit Stunden wach,
doch Aufstehn fällt mir jetzt noch schwer.
Die Sonne scheint mit voller Kraft
vom Himmel auf mich herab.
Die letzte Nacht ist lange her.

Ihr bizarres Lächeln
hängt noch zwischen meinen Wangen,
steif und völlig ausgeleert,
doch der Spaß daran ist längst vergangen.
Zu lachen gibt es jetzt nichts mehr.

exspatior

Am Rande des Wahnsinns
taumel' ich auf schmalem Grat
weit über der Erde
und seh' auf sie hinab.

Ich habe mich so lang geschunden
auf dieser rauen Oberfläche.
Ich öffnete die Schranken,
die in meinem Wege standen
und wühlte mich durch ihren Dreck.
Ich bestieg die Stufen,
die sie gen' Himmel streckt,
doch Echo blieb die einzige
Antwort auf mein Rufen.

Und so folge ich dem leeren Schall
meiner tristen Stimme
tief bis in die Dunkelheit.
Tief bis in die Nacht hinein,
wo kein Geräusch die Stille teilt,
der Raum sich in das Nichts eintaucht,
das wie Nebel mir die Sicht versperrt,
wie Schwaden aus schwarzem Rauch,
hinfort an einen finstern Ort,
an dem ich der einzige
Mensch bin auf der Welt,
der Wind, der seine Spur verweht
und das Licht das seinen Raum erhellt.

Spirit

In der Dunkelheit der Nacht
scheint ein fahles Licht,
ein azurblauer Schimmer,
der niemals erlischt.

Auch wenn die ganze Welt verwischt,
schwebt er hoch oben im Nichts
und leuchtet dort noch immer
als Erinnerung an dich.

Engel

Du bist die Erscheinung,
die jeden Moment durchdringt;
ein strahlend weißes Licht,
das in der Atmosphäre schwingt.
Du bist ein sanfter Ton,
der von fern erklingt;
der tief in meinem Herzen wohnt
und Lieder der Erlösung singt.

Dein Wesen ist so unscheinbar,
dass die Form es fast verdrängt
und doch ist dein Geist so stark,
dass er dem Augenblick die Farbe schenkt.

Du schwebst fernab in der Dunkelheit,
leuchtest wie ein Stern,
der am immer selben Platz verbleibt
und den Nachthimmel erwärmt.

Ich strecke meine Arme aus
um nach dir zu greifen,
doch egal wie nahe dran,
du scheinst immer weit entfernt,
als könnte ich dich nie erreichen;
scheinst fernab in der Dunkelheit,
doch dein Licht zeigt mir die Richtung an.

Das Leben ist ein Schattenspiel,
wenn man so will,
das manchmal aus der Leinwand schielt.

Strahlen brechen hindurch
und locken den Blick
mit dem Schimmer einer Hoffnung,
wie der Gesang von Sirenen,
einem unheilvollen Glück.

Die Schönheit dieser Welt
ist trügerisch und ungreifbar
und dennoch bleibt sie wahr.

Paraíso

Ich kann deine Ruhe hören.
Manchmal sitze ich ganz still,
um sie ja nicht zu stören
und wie ich sie auch verstehen will
du öffnest mir alle Türen.

Ich kann deine Ruhe spüren;
trage sie in meinem Herz,
dass mich immer ihre Augen führen.

Ich kann auch deinen Schmerz mitfühlen
und bin immer da
um deine wunde Haut zu kühlen,
denn deine Ruhe muss
sich jeden Tag durchs Chaos wühlen
und trotzdem bleibt sie stark.

Schatten
Die Welt ist eine Reflexion.
Ein verführerisches Paradies,
das den Strahl der Sonne bricht,
damit die leuchtende Substanz
auf ihrem farblosen Gesicht zerfliesst.

Die Welt ist ein Phantom,
das sich hinter diesem Bild verschliesst;
die Oase einer Spiegelung,
die doch nur aus der Sehnsucht spriesst
und dass sie trotzdem wirklich ist,
bezeugen nur die Schatten, die das Licht
beim Aufprall hinterliess.

Erosion

Auf dieser Erde geht der Wind
Mit einem Hauch Vergänglichkeit.
Ruhelos weht er im Raum
Und wird zum Inbegriff der Zeit.

Die Welt ist das, was übrigbleibt,
Wenn er sich an Körpern reibt.

Erleuchtung

Die Welt hat keinen Anfang
Und kein Ende mehr.
Zwischen Raum und Zeit
Erstreckt sich nur Unendlichkeit,
Völlig sinnentleert;
von jedem Unterschied befreit.

Reise

Ich streife umher

Im Tal der Bedeutung

Und suche nach Sinn

Auf dem Pfad der Erleuchtung

Der Himmel steht leer

Über einer Lichtung

Und am Horizont

Weist die Sonne die Richtung

Adam
Ich bin der erste
Mensch auf dieser Welt.
Ich habe kaum Besitz
und brauche kein Geld.

Am Morgen stehe ich
schon mit der Sonne auf,
esse etwas Kraft
und trink ein wenig Mut,
packe meine Sachen
und verlasse dann mein Haus,
um ein Neues aufzubauen
bis zur nächsten Abendglut.

Freistil

Ich gehe raus zum Spielen
mit dem entarteten Gegenpol
meines schizophrenen Egos.

Wir tollen über Wiesen,
pflücken einen Traum im Klee und
spielen Fangen und Verstecken
in dieser bunten Phantasie.
Treiben, wohin die Flüsse fließen,
auf dass wir uns verlieren,
wo neue Wege sich erschließen.

Namen

Ich gleite durch die Dunkelheit
mit ausgestreckten Armen.
meine Augen sind geschlossen,
und sehen die Formen nicht,
die sie sonst umrahmen.

Die Welt scheint unberührt und willkürlich,
wie ein leeres Blatt,
so, wie ein luzider Traum,
den die Sinne nur erahnen.
Doch in diesem schwarzen Raum
ohne ein Gesicht
entsteht der Platz für meinen Namen.